Gracias a Laurent P. por su idea "descabellada",
a Alexis por su talento, y a todo el equipo de Palette.
Sylvain C.

SYLVAIN COISSARD • ALEXIS LEMOINE

LAS (¡VERDADERAS!) HISTORIAS DEL ARTE

OCEANO travesía

Una pintura siempre registra un instante, el fragmento de una historia que ha sido seleccionado por el artista. Corresponde al espectador imaginar o deducir qué hubo antes y qué sucedió después. Con el más fino humor, este libro se plantea estas interrogantes y nos ofrece algunas respuestas. Tú puedes imaginar muchas más.

Gustave Courbet, *El desesperado,* **1841.**

Jean Fouquet, *Virgen con el Niño,* **1452.**

Giuseppe Arcimboldo, *El agua*, 1566.

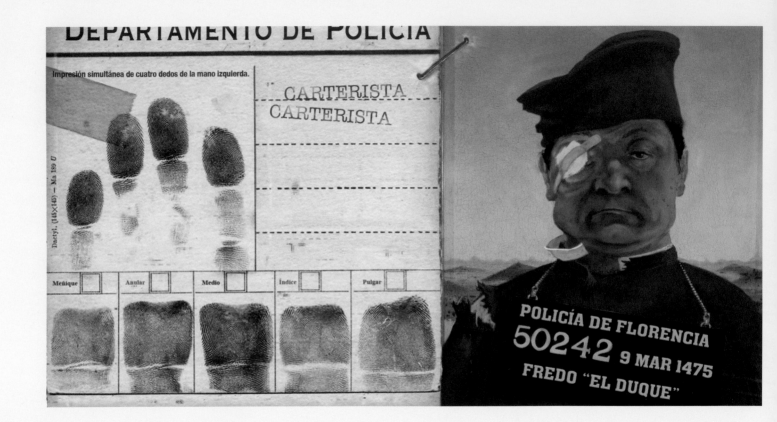

Piero della Francesca, *Federico III de Montefeltro, duque de Urbino,* 1464-1466.

Claude Monet, *Catedral de Rouen a pleno sol,* 1893.

Francia 0 - 1 Italia

Paul Delaroche, *Napoleón en Fontainebleau, el 31 de marzo de 1814,* 1840.

Rembrandt, *La resurrección de Lázaro*, hacia 1630.

Giuseppe Arcimboldo, *El fuego*, 1566.

Francisco de Goya, *La maja vestida y La maja desnuda*, 1800-1803.

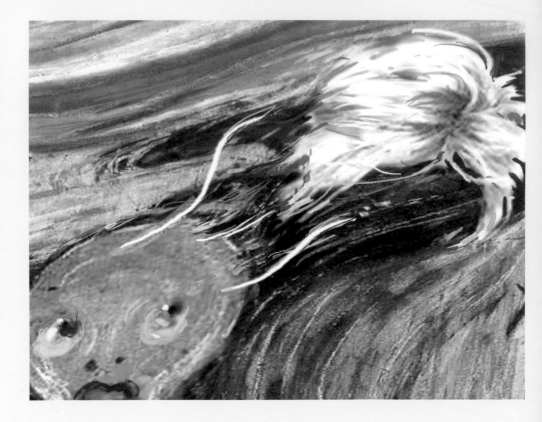

Edvard Munch, *El grito*, 1893.

Auguste Renoir, *El almuerzo de los remeros,* **1881.**

CAFÉ GUERBOIS

9 GRANDE RUE DES BATIGNOLLES
75017 PARÍS
¡BIENVENIDOS!

CHAMPAGNE	101.01 €
CHAMPAGNE	101.01 €
CHAMPAGNE	101.01 €
CHAMPAGNE	101.01 €
CHAMPAGNE	101.01 €
CHAMPAGNE	101.01 €
CHAMPAGNE	101.01 €
CHAMPAGNE	101.01 €
CHAMPAGNE	101.01 €
CHAMPAGNE	101.01 €

TOTAL A PAGAR   1 010.10 €

R1 005267-03   27/09/1917   10:04   OP

GRACIAS Y HASTA PRONTO

Edgar Degas, *La absenta*, 1875-1876.

Giuseppe Arcimboldo, *La primavera*, 1573.

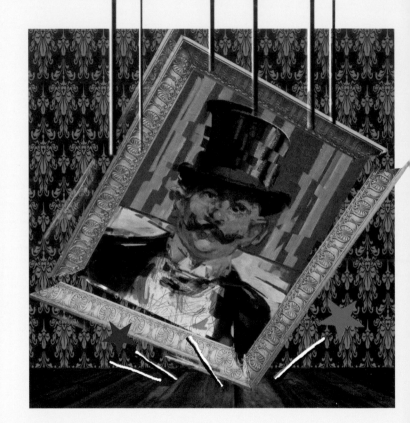

Juan Gris, *Hombre en el café*, 1912 (detalle).

Eugène Delacroix, *La muerte de Sardanápalo,* **1827.**

Domenico Ghirlandaio, *Retrato de un anciano y un niño,* hacia 1490.

Leonardo da Vinci, *La Gioconda, retrato de Mona Lisa*, 1503-1506.

Paul Cézanne, *Autorretrato*, hacia 1878-1880.

Giuseppe Arcimboldo, *El aire*, hacia 1580.

Hippolyte Flandrin, *Joven desnudo sentado a la orilla del mar,* **1836.**

Jacques-Louis David, *Napoleón cruzando los Alpes*, 1800.

Por fin regresamos hoy. Besos. Mamá

Vincent van Gogh, *La habitación,* **1889.**

● Gustave Courbet, *El desesperado*, 1841.
Colección particular
© Akg-images/Archivos CDA

● Jean Fouquet, *Virgen con el Niño*, 1452.
Museo Real de Bellas Artes, Amberes, Bélgica
© Photo Scala, Florencia

● Giuseppe Arcimboldo, *El agua*, 1566.
Museo de Historia del Arte, Viena, Austria
© Akg-images/E. Lessing

● Piero della Francesca, *Federico III de Montefeltro,
duque de Urbino*, 1464-1466.
Galería Uffizi, Florencia, Italia
© Akg-images/E. Lessing

● Claude Monet, *Catedral de Rouen a pleno sol*, 1893.
Museo de Orsay, París, Francia
© Photo Scala, Florencia

● Paul Delaroche, *Napoleón en Fontainebleau,
el 31 de marzo de 1814*, 1840.
Museo de la Armada, París, Francia
© París-Museo de la Armada, Dist. RMN/Imagen
Museo de la Armada

● Rembrandt, *La resurrección de Lázaro*, hacia 1630.
Museo de Arte del Condado de Los Ángeles (LACMA),
Los Ángeles, Estados Unidos
© Digital Image Museum Associates/LACMA/Fuente
Arte NY/Scala, Florencia

● Giuseppe Arcimboldo, *El fuego*, 1566.
Museo de Historia del Arte, Viena, Austria
© Akg-images/E. Lessing

● Francisco de Goya, *La maja vestida*, 1800-1803.
Museo del Prado, Madrid, España
© Photo Scala, Florencia

● Francisco de Goya, *La maja desnuda*, 1800-1803.
Museo del Prado, Madrid, España
© Photo Scala, Florencia

● Edvard Munch, *El grito*, 1893.
Galería Nacional, Oslo, Noruega
© Akg-images/E. Lessing
© Museo Munch/The Munch-Ellingsen Group-ADAGP,
París, 2012

● Auguste Renoir, *El almuerzo de los remeros*, 1881.
Colección Phillips, Washington, Estados Unidos
© Akg-images

● Edgar Degas, *La absenta*, 1875-1876.
Museo de Orsay, París, Francia
© RMN (Museo de Orsay)/H. Lewandowski

● Giuseppe Arcimboldo, *La primavera*, 1573.
Museo del Louvre, París, Francia
© RMN/J.-G. Berizzi

● Juan Gris, *Hombre en el café*, 1912 (detalle).
Museo de Arte de Filadelfia, Filadelfia, Estados Unidos
© Foto Museo de Arte de Filadelfia/Fuente Arte/
Scala, Florencia

● Eugène Delacroix, *La muerte de Sardanápalo*, 1827.
Museo del Louvre, París, Francia
© RMN/H. Lewandowski

● Domenico Ghirlandaio, *Retrato de un anciano
y un niño*, hacia 1490.
Museo del Louvre, París, Francia
© RMN/H. Lewandowski

● Leonardo da Vinci, *La Gioconda, retrato
de Mona Lisa*, 1503-1506.
Museo del Louvre, París, Francia
© RMN/H. Lewandowski/T. Le Mage

● Paul Cézanne, *Autorretrato*, hacia 1878-1880.
Nueva Pinacoteca, Múnich, Alemania
© BPK, Berlín, Dist. RMN/Imagen BStGS

● Giuseppe Arcimboldo, *El aire*, hacia 1580.
Colección del Banco Dreyfus, Basilea, Suiza
© Akg-images/E. Lessing

● Hippolyte Flandrin, *Joven desnudo sentado
a la orilla del mar*, 1836.
Museo del Louvre, París, Francia
© RMN/D. Arnaudet

● Jacques-Louis David, *Napoleón cruzando
los Alpes*, 1800.
Castillo de Malmaison, París, Francia
© RMN/G. Blot

● Vincent van Gogh, *La habitación*, 1889.
Museo de Orsay, París, Francia
© RMN (Museo de Orsay)/H. Lewandowski

LAS (¡VERDADERAS!) HISTORIAS DEL ARTE

Título original: *Les (vraies!) histoires de l'art*

© 2012 Sylvain Coissard (texto)
© 2012 Alexis Lemoine (ilustraciones)
© 2012 Éditions Palette…, Paris

Esta edición se publicó según acuerdo
con Sylvain Coissard Agency. Francia

Concepto gráfico y maquetación: Loïc Le Gall
para Le Gall Chassagnard
Fotograbado: RvB, Montrouge
Traducción: Luz María Bazaldúa

D.R. © Editorial Océano, S.L.
www.oceano.com

D.R. © Editorial Océano de México, S.A. de C.V.
www.oceano.mx · www.oceanotravesia.mx

Primera edición: septiembre, 2013
Primera reimpresión: noviembre, 2019

ISBN: 978-607-400-896-8
Depósito legal: B-21213-LVI

IMPRESO EN ESPAÑA/PRINTED IN SPAIN

9003687021119